DE LA
CONSTITUTION AMÉRICAINE.

EXTRAIT DE LA REVUE DE LÉGISLATION ET DE JURISPRUDENCE,
N° de décembre 1849.

DE LA
CONSTITUTION AMÉRICAINE

ET DE

L'UTILITÉ DE SON ÉTUDE,

Discours prononcé le 4 décembre 1849 à l'ouverture du cours de législation comparée.

PAR

M. ÉDOUARD LABOULAYE,

Membre de l'Institut, professeur au Collège de France.

PARIS—1850.

IMPRIMERIE DE HENNUYER ET Cⁱᵉ, RUE LEMERCIER, 24.

MESSIEURS,

Le sujet de nos études sera, pour cette année, l'histoire de la Constitution des États-Unis d'Amérique. Mais, sous le nom de Constitution, je n'entends pas seulement cette grande Charte de 1787, qui a fondé la puissance de la Confédération et qui est encore aujourd'hui sa base la plus solide; j'y comprends aussi l'organisation intérieure des États particuliers de l'Union; cette organisation qui, dans ses formes et son esprit, se rapproche chaque jour davantage du gouvernement fédéral, le complète, l'explique, et, de son côté, pour être bien jugée, demande à n'être point séparée de son modèle. En somme, ce que je désire vous faire connaître, c'est l'ensemble des institutions politiques sous l'empire desquelles s'est développé, au delà de l'Atlantique, un État qui du temps de nos pères ne pesait point dans la balance politique, et qui, s'il reste fidèle à ses institutions, si les passions humaines ne le perdent en le divisant, s'élèvera, avant la fin du siècle, à un tel degré de force et de

N. B. M. Laboulaye a commencé son cours le mardi 4 décembre; il le continue le mardi et le vendredi de chaque semaine, à onze heures du matin.

grandeur qu'il n'est aucune monarchie d'Europe qui puisse alors tenir tête à la toute-puissante République.

Évidemment, Messieurs, dans la recherche des causes diverses qui ont amené ce prodigieux développement, cette fortune inouïe, il y a un ensemble de considérations du plus haut intérêt; et si, parmi ces causes, la Constitution tient le premier rang, il y a là pour nous un sujet d'une importance extrême et d'une utilité immédiate, un sujet d'études qui, dans les circonstances où nous sommes, s'impose en quelque façon de soi-même, et commande impérieusement l'attention.

L'importance de cette étude, qui pourrait la mettre en doute? Est-il possible que des institutions qui règnent sur un si vaste territoire, qui jouent un si grand rôle dans la vie présente et passée des Etats-Unis, ne prennent pas une large place dans l'histoire des législations? Et son utilité, quand fut-elle jamais plus sensible qu'au moment où la France, étonnée du pas immense et subit qu'elle a fait dans la carrière de la démocratie, s'arrête comme incertaine, et cherche en tâtonnant les bases durables de son nouveau gouvernement? Quel spectacle plus instructif, quel exemple plus touchant que celui d'une nation de race européenne, dont les idées et les besoins sont les nôtres, et qui a résolu le problème eh 1787, le jour même où nous nous sommes mis à poursuivre, au travers de dix révolutions, cette solution qui toujours nous échappe, et qui peut-être est près de nous, nous obstinant, si j'ose emprunter la spirituelle expression de Montesquieu, nous obstinant à bâtir Chalcédoine quand nous avons le rivage de Bysance devant les yeux [1]?

[1] Montesquieu, *Esprit des lois*. liv. xi, ch. vi.

Ainsi, importance historique et scientifique, utilité prochaine, telles sont les deux principales raisons d'étudier la Constitution américaine sérieusement, en détail, pour en pénétrer le véritable caractère, pour en apprécier l'esprit; et non pas dans un intérêt purement spéculatif, mais pour en tirer une instruction efficace, une règle de conduite, un profit immédiat et certain.

Et d'abord, rendons-nous bien compte de l'importance historique et scientifique de cette étude; ne nous arrêtons pas à des données superficielles; entrons, si je puis le dire, dans les entrailles mêmes du sujet.

La Révolution française est à coup sûr le spectacle le plus surprenant que le monde ait vu depuis la Réforme. Envisagé avec terreur par les uns, comme le commencement de la décadence, avec admiration par les autres, comme l'aurore d'un âge nouveau, ce grand mouvement dure encore et frappe l'Europe d'inquiétude et d'étonnement; mais pour qui sort du continent et envisage froidement les choses en se dégageant de toute préoccupation nationale, il est évident que dans l'histoire du monde la Révolution américaine est un événement plus marquant que n'est la nôtre. Moins saisissante, moins dramatique, moins passionnée, et je dirais presque moins grande par le développement des caractères, si je n'y rencontrais un Washington, il n'en est pas moins vrai qu'elle l'emporte singulièrement pour l'importance des résultats présents et surtout des résultats à venir; et que le jour viendra nécessairement, s'il n'est déjà venu, où l'histoire l'enregistrera comme le fait le plus considérable qui ait terminé le dix-huitième siècle et commencé l'ère des sociétés modernes.

« On nous cite l'Amérique, écrivait, en 1796, un homme qui aimait peu les républiques et qui avait plus de confiance dans le passé que dans l'avenir, le comte Joseph de Maistre [1], « je ne connais rien de si impatientant que les louanges « décernées à un enfant au maillot; laissez-le grandir. »

L'enfant a grandi avec une rapidité qui tient du miracle, et on peut compter le petit nombre d'années après lesquelles les États-Unis, si quelque vice intérieur n'arrête leur progrès, seront le plus grand, le plus riche, le plus puissant empire du monde.

La population des treize colonies ne s'élevait pas à trois millions en 1790; en 1810, elle dépassait sept millions; elle en comptait plus de douze, en 1830; plus de dix-sept, en 1840; en d'autres termes, elle double en moins de trente ans; c'est-à-dire que, suivant les calculs les plus modérés et sans tenir compte du progrès d'une émigration qui croît chaque jour, avant la fin du siècle l'Amérique du Nord, qui sera loin d'être à demi peuplée, contiendra plus de soixante millions d'hommes, unis par la race, la langue, le génie, le gouvernement, la configuration même du territoire, le développement du commerce, de l'industrie, des voies de communication; un peuple qui, vous le verrez, a fait depuis 1776 des progrès immenses dans la voie de l'union; que chaque jour mêle et confond davantage; un peuple enfin qui a trop le sentiment de la grandeur que lui réserve l'avenir pour rêver de séparation avant d'avoir accompli sa destinée, c'est-à-dire avant un jour qu'il n'appartient pas à l'homme de fixer.

Ainsi, je le répète, avant cinquante années, les États-Unis seront la République la plus considérable, la plus puissante, la plus homogène qui ait jamais paru sur le globe, et pour la première fois il faudra que l'Europe compte avec ce peuple

[1] *Considérations sur la France.*

nouveau qui viendra, qui vient déjà partager avec elle l'empire des mers.

Vous voyez, Messieurs, quelles proportions aura prises, avant la fin du siècle, cet événement glorieux de la révolution américaine; vous voyez comme chaque jour le grandit et le rehausse; ce sera dans l'histoire, au point de vue politique, un fait aussi considérable que la découverte même du continent; c'est aussi l'avénement d'un monde nouveau qui vient se placer à côté de l'ancien monde.

Que peut-il y avoir de plus curieux, de plus intéressant que d'étudier les causes de ce prodigieux développement, qui ne s'est point arrêté d'un jour; que de rechercher quelle part appartient aux institutions dans ce grand établissement?

Mais sans anticiper sur cet avenir prochain, sur cet avenir qui déjà se laisse toucher, et qu'il est bon de prévoir si nous ne voulons pas remettre aux mains de l'Amérique le flambeau de la civilisation, quel précieux sujet d'observation politique, quels exemples, quelles leçons nous offrent dès aujourd'hui les Etats-Unis!

Ce n'est pas seulement une république qui domine de l'autre côté de l'Atlantique; ce nom de république est une désignation vague et qui peut couvrir d'un même nom les gouvernements les plus opposés; c'est une DÉMOCRATIE, la plus large, la plus vaste, la plus complète qui ait paru dans les temps modernes; j'ajoute, la seule qui ait duré.

Ce n'est pas un de ces gouvernements faits de main d'homme, contre-épreuve moulée sur l'antique par des révolutionnaires érudits, élèves de Montesquieu et de Mably; c'est le produit naturel de deux siècles de travail et de liberté; c'est, comme le sentait Washington, le seul gouvernement qui pouvait convenir à cette forte race d'émigrants, à ce peuple de puritains qui, laissant à une patrie marâtre sa noblesse féodale et son clergé aristocratique, avait emporté avec lui, comme deux trésors, et sa religion essentiellement républicaine, et toutes les libertés de la vieille Angleterre.

De là ce cachet particulier qui distingue la République américaine de toutes celles de l'antiquité, de toutes celles qu'ont imaginées les modernes qui ne détachaient point leurs yeux des anciens, et parmi ces modernes, je comprends la plupart de nos constituants révolutionnaires.

Les Etats-Unis ont résolu le problème, déclaré insoluble par les publicistes, d'une république qui comprend un vaste territoire, une population nombreuse; d'un Etat où l'égalité est complète, absolue, et dans les lois, et dans les mœurs. En peu de mots, c'est une république, non pas imaginaire, mais réelle, mais vivante, faite par des hommes de notre temps et de notre race, où chaque année plus de cent mille Européens, Anglais, Allemands, Français, vont se mêler au courant sans qu'il en soit altéré; une république enfin dont la Constitution est assez large, assez bien calculée pour s'être prêtée depuis un demi-siècle, et sans vieillir, à tout le développement d'une nation qui grandit, à tous les progrès du commerce, de l'industrie, de la civilisation.

A une époque où la force de l'opinion emporte toutes les autres, où son véritable titre est bien celui que lui reconnaissait Pascal, *la reine du monde*, les Etats-Unis s'offrent à nous comme un empire depuis longtemps fondé sur l'égalité politique la plus absolue, sur la souveraineté du peuple la plus large et la plus active qu'on puisse imaginer.

Et, en effet, la souveraineté du peuple n'est pas, en Amérique, une théorie abstraite et démentie dans la pratique; une force dont on se sert pour fonder un gouvernement, et qu'ensuite on comprime comme un danger, jusqu'à ce qu'elle se révèle de nouveau par des explosions et des désastres. La souveraineté, aux États-Unis, est le grand ressort du gouvernement, et comme un régulateur qui ne s'arrête jamais; c'est bien le peuple qui gouverne et administre par des délégués librement et directement choisis, délégués doublement maintenus dans le respect de la souveraineté populaire, par une responsabilité toujours présente et par la fréquence des élections.

La Constitution américaine n'est point démagogique. Il y a des moyens légaux pour éprouver la volonté populaire, l'épurer et la refroidir; mais cette volonté, régulièrement manifestée, est prise comme la règle absolue du gouvernement. C'est un devoir de s'y soumettre, c'est un crime de s'y soustraire, et les décisions de la majorité sont adoptées sans résistance par une nation depuis longtemps habituée à respecter le jugement et la volonté du plus grand nombre.

Le gouvernement est ainsi complétement populaire : par son organisation il est nécessairement identifié avec les intérêts du peuple, et pour sa durée et son maintien il repose exclusivement sur l'attachement du pays pour ses institutions.

Cette forme de gouvernement qui nous étonne, en qui nous n'avons pas pleine confiance, car, en France, elle a souvent tourné à la démagogie et perdu la République en ruinant la liberté, d'où vient cependant qu'elle n'a donné en Amérique que de bons résultats? Est-ce à des circonstances naturelles; est-ce, au contraire, comme j'espère vous le démontrer, au mérite et à la sagesse de sa Constitution que l'Amérique doit la stabilité d'un régime qui, de sa nature, semble des plus instables, et qui, cependant, a duré quand tant de fois, en France, s'est abîmée la monarchie?

C'est là, sans nul doute, un sujet d'études digne de tout homme qui aime son pays.

La sagesse de leur Constitution n'est point le seul exemple, la seule leçon que les États-Unis puissent donner à la vieille Europe.

Quoi de plus remarquable qu'un pays qui a pris pour base de sa politique et de sa diplomatie, la paix, la non-intervention ?

En Amérique on ne connaît pas ce système militaire qui nous prend par année quatre cents millions et tient dans l'oisiveté quatre cent mille hommes, la fleur de la jeunesse, l'élite des producteurs ; par suite, on ignore presque entièrement ce lourd fardeau de la dette publique, conséquence d'un établissement disproportionné avec la richesse du pays et tout à la fois coûteux et improductif; cette dette, qui se traduit en un impôt sur la propriété et l'industrie, et, en renchérissant la production, la diminue.

Les Américains ont apporté avec eux d'Angleterre la haine des troupes permanentes, haine des plus vivaces au dix-septième siècle dans la métropole, et qui aujourd'hui, dans le Nouveau-Monde, n'a rien perdu de son énergie. L'opinion n'admet qu'un petit nombre de troupes soldées, (moins de dix mille hommes), placées pour la plupart le long des frontières pour maintenir en respect les Indiens. Je n'ai pas besoin de dire qu'en Amérique, comme en Angleterre, la conscription est inconnue, et que l'enrôlement volontaire est le seul système adopté par ce peuple jaloux de sa liberté.

Je n'examine pas en ce moment si la France peut adopter, et dans quelles proportions elle peut adopter cette mesure héroïque d'un gouvernement qui se fie à la milice de la défense de son territoire et du maintien de son influence; je dis seulement qu'à une époque comme la nôtre, où l'in-

dustrie, l'agriculture et le commerce, en un mot la production joue le grand rôle dans la vie des peuples, il n'est pas
possible que la France et l'Europe tout entière, avec ces
budgets militaires qui grèvent et stérilisent la production,
puissent lutter longtemps avec un pays tel que l'Amérique,
pour qui la nature a tant fait, et qui de plus nous combat
avec des armes aussi inégales. Forcément l'Europe, si elle
ne veut pas baisser en civilisation, en viendra à proclamer
le principe américain, et à prendre la paix pour base de sa
politique. On le sent aujourd'hui, mais Washington l'a
senti et proclamé il y a soixante ans, et c'est sur ce principe
que, grâce à la prudence et à l'expérience du sénat, s'est
fondée cette toute-puissante diplomatie qui se vante et avec
raison de ne connaître que des succès.

Son secret est bien simple, et cependant infaillible ; c'est
la paix, c'est la neutralité, c'est la non-intervention. Dé-
barrassée des luttes d'influence, ne soulevant ni méfiances,
ni jalousies, tout l'effort de la diplomatie américaine se
borne à élargir le marché, à faciliter l'échange, en d'autres
termes à enrichir également les deux pays qui sont parties
au contrat. Dans de pareilles conditions, la diplomatie est
facile, mais elle n'en est pas moins le moyen d'enchaîner les
peuples par un lien plus sûr que l'ambition ou la reconnais-
sance, instruments ordinaires de nos diplomaties d'Occi-
dent, par le lien d'un commun intérêt et d'une prospérité
commune.

Si de la sphère du droit public nous passons à celle du
droit privé, nous jouirons d'un spectacle non moins intéressant, et les sujets d'instruction s'offriront en foule.

La liberté individuelle est garantie aux États-Unis, comme
en Angleterre, de la façon la plus efficace et la plus énergi-
que. L'*habeas corpus*, ce boulevard, cette seconde *grande*

charte de la liberté britannique, est en pleine vigueur aux Etats-Unis, et tout juge est tenu, sur la simple réclamation qui lui est présentée, de décerner un mandat d'amener contre quiconque détient une personne illégalement arrêtée pour qu'on la produise sans délai. Une amende considérable (1,000 dollars, 5,400 dans l'Etat de New-Yorck) assure l'obéissance immédiate du juge, et garantit à tout accusé un prompt interrogatoire qui facilite ou sa mise en accusation, ou sa mise en liberté.

Hormis les crimes capitaux avérés, la liberté sous caution est de droit, et, d'après la Constitution, cette caution ne doit pas être excessive; il en résulte qu'aux Etat-Unis, on n'a point le triste exemple de ces emprisonnements préventifs qui dépassent en durée la peine même qu'encourrait l'accusé s'il était reconnu coupable. Par ces rigueurs inutiles, par cette torture préparatoire, la justice chez nous n'est plus la justice, c'est une espèce de vengeance, et quand vient le jour du jugement, tout l'intérêt se porte sur le coupable qui vient s'asseoir sur les bancs de la Cour d'assises, pâle, épuisé, et comme ayant déjà expié sa faute et payé sa dette à la société par les souffrances d'un long emprisonnement.

C'est ainsi qu'en exagérant les moyens on dépasse le but, et qu'on énerve la répression en croyant la rendre plus forte. Et cette vérité même que nous poursuivons, combien n'en rendons-nous pas la découverte difficile, en terrifiant l'accusé, en le séquestrant, en le séparant de ses conseils, de ses amis, de ses papiers, en le forçant à fuir pour éviter la prison, en le contraignant d'attendre à l'étranger, pendant des années entières, les résultats douteux d'une instruction sans contradicteur, quand sa présence eût souvent en peu de mots désarmé l'accusation et peut-être confondu la calomnie!

De pareils exemples ne sont pas rares; il me serait facile de mettre un nom sous chacune de ces allégations, et si les partis, en arrivant au pouvoir, n'oubliaient point le passé, ou songeaient à l'avenir, il y a longtemps qu'en des temps de révolution comme les nôtres, on eût, ne fût-ce que par prudence, emprunté à l'Angleterre ou à l'Amérique ces pratiques libérales.

Et ce ne sont pas les seules. C'est à l'Angleterre que nous avons pris l'idée du jury; mais, en ce point, il nous reste encore beaucoup à apprendre, et peut-être en cette matière, l'Amérique, comme vous le verrez avec étonnement, a-t-elle été plus loin que l'Angleterre.

Je ne vous parle point de la liberté industrielle, de la liberté du travail, plus considérable, mieux entendue aux États-Unis qu'en France. Quoique l'économie politique rentre dans notre domaine, par la part chaque jour plus grande qu'elle prend dans la législation, je ne veux pas empiéter sur la province d'un homme qui honore cette chaire par son courage et son talent. C'est à M. Michel Chevalier qu'il appartient de vous faire comprendre combien la liberté est une puissance économique non moins qu'une force politique, et comment, dans des conditions naturelles qui ne seront pas trop inégales, le pays le plus libre deviendra nécessairement le plus riche. Mais, parmi les sujets de réflexion que nous présentent les États-Unis, j'en choisirai encore un d'un intérêt incontestable, la liberté des cultes.

Aux États-Unis, vous le savez, la liberté des cultes est absolue. On n'a pas seulement séparé comme chez nous, ou plutôt essayé de séparer le spirituel du temporel. L'Etat ne connaît pas l'Eglise; ce sont les fidèles de chaque communion qui payent le culte et le pasteur. On tient que c'est tyrannie de contraindre un homme à soutenir de son argent une croyance qui n'est point la sienne; car c'est le rendre involontairement complice de l'erreur et de la superstition.

Cette séparation absolue date de la Révolution américaine; elle y est considérée comme une conquête non moins précieuse que celle de l'indépendance, et Jefferson qui en fut un des plus ardents promoteurs, Jefferson deux fois président, demandait qu'on mît sur son tombeau, pour illustrer sa mémoire, non pas le souvenir des places qu'il avait occupées; mais l'inscription suivante qui retraçait les plus grands actes de sa vie, les plus grands en effet pour qui considère leur résultat :

CI GIT THOMAS JEFFERSON,
AUTEUR DE LA DÉCLARATION DE L'INDÉPENDANCE AMÉRICAINE,
DU STATUT DE VIRGINIE POUR LA LIBERTÉ RELIGIEUSE,
ET PÈRE DE L'UNIVERSITÉ DE VIRGINIE.

La solution que les Etats-Unis ont donnée au problème vaut-elle mieux que la nôtre? En émancipant l'Eglise, n'a-t-on pas asservi le prêtre, en mettant le pasteur dans la dépendance absolue de son troupeau ? Les droits du pauvre que son indigence éloigne des secours spirituels ont-ils été suffisamment défendus? Je ne prétends point décider en ce moment cette grave question; mais vous sentez combien elle mérite d'être étudiée, et quel vaste champ d'expérience nous offre un pays où, depuis longues années, tant de sectes diverses vivent et se développent en parfaite liberté.

Je pourrais choisir encore, comme matière de comparaisons curieuses et importantes pour la science et pour nous, la liberté de l'enseignement, la simplicité et le bon marché des contrats, l'organisation de l'enseignement primaire, la question des banques, celle de la dette publique; mais je ne veux pas épuiser mon sujet; j'en ai dit assez pour vous montrer tout ce que nous offre de richesses l'étude du gouvernement américain, et quel profit nous en pouvons tirer.

En vain l'ignorance ou la présomption attribuent la prospérité américaine à des causes en quelque façon nécessaires et fatales, à la richesse d'un pays vierge, à la situation privilégiée de la Confédération, isolée sur un vaste continent. Il n'est pas douteux que toutes ces causes, et d'autres encore, n'aient donné au gouvernement américain son caractère particulier; mais l'histoire nous apprendra que ces grands résultats ne sont pas des effets naturels. Les colonies espagnoles, placées dans les conditions les plus favorables, languissent pour la plupart, et la liberté même avec ses orages les a perdues; tandis que la race américaine, avec son amour de l'ordre et ses habitudes de liberté, se développe et s'étend partout, parce qu'elle s'organise partout.

La fortune des nations n'est point l'œuvre d'une aveugle destinée; c'est par le caractère, par la constance, par l'énergie qu'elles réussissent; et ce caractère, les institutions politiques ont précisément pour but de le fortifier dans ses parties faibles, et de le contenir dans ses excès. Sans la Constitution, l'Amérique se serait dissoute; l'esprit d'indépendance l'eût affaiblie et divisée à l'extrême; et je vous montrerai, pièces en main, qu'elle doit sa grandeur aux hommes qui, dans des circonstances difficiles, devinèrent les institutions qui convenaient à son génie, et sauvèrent la liberté en fondant l'union.

Ne croyez pas que ce soit du premier coup et sans efforts que les Américains aient résolu ce grand problème d'organiser la démocratie. Ils ont passé par des épreuves bien autrement rudes que les nôtres, des épreuves qui, l'échafaud mis de côté, rappellent notre première révolution. On a essayé d'une assemblée unique, d'un gouvernement de comités; on a connu un papier-monnaie, et en Amérique comme en France, le mépris des lois économiques et politiques amena une situation si déplorable, que de toutes parts les esprits se soulevèrent contre ce gouvernement sans puissance. Le grand cœur de Washington en vint à douter du sort de l'Amérique [1] qu'il avait affranchie et qui, victorieuse de l'Angleterre, succombait sous l'anarchie.

« Quels changements étonnants peuvent produire quel-
« ques années, écrivait-il en 1786 à John Jay, son ami, et
« plus tard l'un des fondateurs de la Constitution. J'entends
« dire que des personnes respectables parlent maintenant de
« la monarchie sans horreur. On y pense, on en parle, et de
« la parole à l'action il n'y a souvent qu'un pas, mais quel
« pas irrévocable et terrible ! Quel triomphe pour les avocats
« du despotisme de voir que nous sommes incapables de
« nous gouverner nous-mêmes, et que les systèmes fondés
« sur la base de l'égalité et de la liberté sont chimériques et
« trompeurs ! Dieu veuille qu'on prenne à temps de sages
« mesures pour détourner les conséquences que nous n'avons
« que trop de raisons de redouter [2] ! »

C'est dans des circonstances aussi difficiles, au lendemain d'une guerre, au milieu de ces passions que soulèvent les révolutions et qui, comme les vagues de la mer, s'agitent long-temps encore après que l'orage est passé; c'est au milieu des ambitions et des jalousies de toute espèce qu'entreprirent de sauver la patrie des hommes qui, pour le dévouement au pays, la force de caractère, l'énergie des convictions, ne le cèdent en rien à ce que l'antiquité nous offre de plus noble et de plus beau : Washington, Hamilton, Franklin, Madison, noms immortels dans l'histoire de l'Amérique

---

[1] Voyez la lettre de John Jay du 18 mai 1786. *Life of John Jay*, p. 243.
[2] Lettre du 15 août 1786. *Life of John Jay*, p. 247.

et du monde. En fondant un gouvernement national à
force de lumières, de courage et de patience ; en fermant la
révolution, Washington et ses amis sauvèrent une seconde
fois la patrie ; et ce triomphe, moins éclatant que le premier,
montre mieux dans tout leur éclat ces grands caractères.
Il fallut pour doter l'Amérique de cette Constitution aujour-
d'hui adorée, il fallut compromettre sa popularité, lutter
contre des accusations injustes, emporter chaque résolu-
tion de haute lutte, et pendant dix-huit mois ne jamais se
lasser, ne désespérer jamais. Mais aussi, la victoire rem-
portée, on eut comme un pressentiment de la grandeur de
cet édifice dont les fondements avaient coûté tant de travail,
et, à la dernière réunion, au moment où les derniers membres signaient cet acte immortel, Franklin, parvenu à cet
âge où les anciens considéraient comme un prophète
l'homme placé à la limite de la terre et du monde invisible,
Franklin eut comme une vision de la grandeur américaine.

Au dernier moment de la session, nous dit Madison,
l'historien du Congrès, Franklin portant les yeux vers le
fauteuil du président, derrière lequel on avait peint un soleil levant, fit remarquer aux membres qui étaient près de
lui, que les peintres reconnaissaient que dans leur art il
était difficile de distinguer un lever d'un coucher de soleil.
« Souvent, et bien souvent, ajouta-t-il, dans le cours de nos
réunions, dans les vicissitudes de nos espérances et de nos
craintes sur le résultat de nos délibérations, j'ai regardé
cette peinture sans être capable de dire si le soleil s'y levait ou s'y couchait ; mais maintenant, à la fin, j'ai le bon-
heur de voir que c'est bien un soleil qui se lève et non
point un soleil qui s'éteint [1]. »

---

[1] Madison *Papers*, p. 1624.

Franklin avait raison. C'était l'aurore d'un monde nouveau, c'était l'avénement de la démocratie organisée, c'était la liberté qui se levait par delà l'Atlantique pour éclairer, pour échauffer, pour féconder l'univers tout entier.

Et maintenant, Messieurs, ai-je besoin d'insister sur l'utilité d'une telle étude? ne sentez-vous pas combien la dernière révolution a rapproché la France de l'Amérique, et combien l'expérience de l'une est faite pour éclairer les tentatives de l'autre?

Depuis 1789 la démocratie française a été dans un état de lutte et de crise perpétuelles, soit que cette lutte ait été sanglante, soit que la démocratie se soit servie des concessions mêmes de la royauté pour lui disputer le dernier reste de ses prérogatives.

Depuis la Constituante, on a lutté pour associer la monarchie et la liberté, ces deux principes que Tacite déclarait incompatibles, et que, plus confiants que Tacite, nous avions cru réunir et concilier dans le gouvernement constitutionnel; et, depuis la Constituante, toutes ces luttes se sont terminées par la défaite du pouvoir; l'opposition a été la vie du pays; l'opinion a toujours soutenu ceux qui engageaient cette lutte inégale contre la monarchie chaque jour affaiblie et désarmée.

L'Amérique alors était pour nous un exemple trop éloigné pour être utile; l'état des deux sociétés n'était point le même; les besoins, les désirs, le but poursuivi étaient différents.

Aujourd'hui, la démocratie est maîtresse absolue; plus de roi, plus de privilége; le pays n'appartient plus qu'à lui-même; il n'y a plus à détruire, mais à fonder. Ce n'est plus de lutte qu'il faut parler, c'est d'organisation; difficulté plus grande et qui demande des hommes supérieurs, et, si j'ose le dire, des hommes nouveaux. Rarement, en effet, les hommes qui ont réussi dans l'opposition apportent au pouvoir des idées organisatrices, et il en est un peu comme des avocats devenus juges, qui, trop habitués à ne voir les choses que par la face critique et le petit côté, ont grand' peine à prendre l'esprit large et impartial du magistrat.

Mais à des hommes nouveaux, qui ont la noble ambition d'organiser un régime durable, il faut, pour être autre chose que des théoriciens, c'est-à-dire la plus dangereuse espèce d'hommes d'État, celle qui le plus sûrement, avec les convictions les plus droites et par les plus ingénieuses combinaisons, mène un pays à sa ruine, il faut l'expérience ; et c'est ici que commence l'utilité d'étudier la Constitution d'un peuple qui a connu les mêmes difficultés, qui a passé par les mêmes épreuves, et qui, plus ancien que nous dans la pratique de la démocratie, n'est cependant sorti de ces dangers qu'à force de sagesse, de courage et de raison.

Les constituants de 1848 ont dédaigné l'expérience américaine ; ils ont rejeté la division du pouvoir législatif, ils ont organisé le pouvoir exécutif sur un plan qui tient à la fois de la monarchie constitutionnelle et de la république. Peut-on dire qu'ils aient mieux réussi, et les questions qu'on soulève aujourd'hui de toutes parts ne nous disent-elles pas qu'il n'est point encore trop tard pour étudier comment les constituants américains ont prévenu ces difficultés dont la solution importe à notre avenir ?

Ainsi, par exemple, nous sentons tous que le pouvoir exécutif a besoin d'indépendance, et que cependant le pays a droit à une surveillance de tous les instants. Depuis 1789, nous n'avons su qu'énerver l'autorité, ou la soustraire complétement à l'influence des assemblées. Notre administration a été tour à tour impuissante ou despotique. Les

Américains ont résolu la question en rendant le président indépendant de l'Assemblée, en mettant le ministère à l'abri de l'action incessante et jalouse des Chambres; et, d'un autre côté, ils ont assuré le droit du pays en mêlant à la haute administration, par la diplomatie et la nomination des principaux fonctionnaires, y compris les ministres, le sénat, corps peu nombreux, réunion des hommes les plus éminents de l'Amérique, assez durable pour conserver la tradition, et cependant se modifiant assez souvent pour se retremper dans l'opinion et avoir toujours un pied dans le pays.

Ce sénat, dont nous n'avons pas voulu par des raisons toutes politiques, toutes du moment, et en le considérant seulement comme un pouvoir législatif, ce sénat, je vous le montrerai, est la pierre angulaire de la Constitution américaine; c'est là qu'est la véritable force, la force régulatrice du gouvernement; et si la république dure aux Etats-Unis, c'est au sénat qu'elle le doit; sans lui, il y a longtemps qu'une lutte eût décidé entre le président et l'Assemblée. Nous avons repoussé cette institution comme aristocratique; mais, pour moi, je ne connais pas d'institution plus républicaine que celle qui, aux Etats-Unis, a déjà plus d'une fois sauvé la République.

L'Amérique peut encore nous servir de leçon sur une question qui, depuis un an, est chez nous à l'ordre du jour. La doctrine que le parlement, le pouvoir législatif est tout-puissant, — doctrine que nous avons empruntée à l'Angleterre, qui n'a pas de Constitution écrite, — nous met en présence de difficultés sans nombre, et on ne peut faire une loi sans s'exposer au reproche de violer la Constitution. L'Amérique n'a pas voulu que les deux Chambres, même d'accord avec le président, se missent au-dessus de la Loi suprême. C'est là une particularité du système américain, et qui se retrouve dans les Constitutions des Etats particuliers, aussi bien que dans la Charte fédérale. C'est dans ce but qu'a été créée la Cour suprême des Etats-Unis, tribunal plus puissant que la Cour de cassation, et qui peut invalider une loi du Congrès ou des Etats comme inconstitutionnelle. On a ainsi ouvert un recours légal à quiconque croit souffrir d'une violation de la Constitution; on a désarmé la sédition en lui ôtant son dernier prétexte.

Vous voyez par ces deux exemples, et j'en pourrais citer bien d'autres, tels que l'organisation du suffrage universel, l'égalité des districts électoraux, quelles leçons nous pouvons tirer de l'expérience faite il y a soixante ans en Amérique, expérience souvent renouvelée, car il y a trente Etats dans la Confédération, et chacun de ces trente Etats s'est donné, et souvent à plusieurs reprises, une Constitution empruntée de la Constitution fédérale; toutes les Conventions, toutes les discussions, ont ramené à cet excellent modèle; seulement, il nous faut l'étudier non pas à la légère, mais profondément, pour nous pénétrer de son esprit et le transporter dans nos institutions.

Est-ce à dire qu'il nous suffit d'emprunter à l'Amérique sa Constitution, comme en 1814 nous avons cru emprunter les institutions de l'Angleterre? Non, Messieurs, et quoique aujourd'hui nous ayons mille ressemblances avec les États-Unis, une pareille pensée est loin de moi. On ne prend à un pays ni ses lois, ni ses mœurs; les unes sont la conséquence des autres, et ce qui convient à l'Amérique peut très-bien être nuisible à la France. Mais, d'un autre côté, ne rejetons pas l'expérience parce qu'elle n'a point été acquise sur notre sol; sachons distinguer le particulier du général, ce qui est de l'essence d'un gouvernement libre de ce qui est purement américain; en deux mots, ne copions pas la Constitution des Etats-Unis, mais profitons des leçons qu'elle renferme, et, tout en restant Français, ne rougissons pas de suivre les exemples et d'écouter les conseils qu'a laissés un Washington !

Ainsi, comprenez bien que ce que je veux vous faire connaître, ce que je veux vous proposer pour exemple, ce n'est point le mécanisme de quelques formes, mécanisme qui change d'effets en changeant de pays, et donne souvent des résultats tout opposés à ceux qu'on en attendait, comme fit la Charte de 1814 au grand étonnement de ses auteurs : ce que je veux vous proposer pour exemple, c'est l'esprit qui a produit les institutions, c'est l'idée qui les a inspirées; car cette idée, elle est vôtre dès que vous en sentez l'utilité, car cet esprit est à vous dès que vous en comprenez la grandeur; et peu importe ensuite la façon dont cette idée s'incorporera dans les institutions nationales; ce n'est plus là qu'un détail d'exécution d'une importance secondaire. Ce ne sont pas les formes d'une Constitution qui sont importantes, c'est l'esprit qui l'anime et qu'elle communique au pays.

Ce que je voudrais encore vous faire comprendre, c'est comment les Américains, qui ont hérité au plus haut degré du sens pratique de leurs pères les Anglais, ont rendu leur Constitution d'une exécution facile, en renfermant la question politique dans ses justes limites, en ne demandant à la Constitution que ce qu'une Constitution peut donner.

En France, nous réduisons tous les besoins de la société en problèmes politiques; socialistes ou non, nous nous ressemblons tous en ce point, que nous demandons au gouver nement, aux formes politiques, une solution qu'aucun gouvernement ne peut donner. Mais nous aurons beau entasser la république sur la monarchie et le socialisme sur la république, nous n'arriverons jamais qu'à une impossibilité. Les institutions politiques ne sont qu'une part de la vie sociale, une forme; un moyen d'assurer le développement des intérêts, des besoins de la société. Mais le gouvernement n'est pas cet intérêt même; il n'est ni la religion, ni la morale, ni l'éducation, ni l'industrie, ni le commerce; son rôle est d'assurer le libre jeu de ces sphères diverses, et non pas de les absorber à son profit. Pour peu qu'il entre trop avant dans cette organisation délicate, il empêche, il gêne, il détruit ce qu'il croit protéger. C'est ce que les Américains ont parfaitement senti; ils ont réduit le gouvernement à sa plus simple expression, ils l'ont débarrassé de tout ce qui n'est pas lui, et par là ils ont tranché une difficulté que ne résoudront jamais toutes les divisions du pouvoir, quelque ingénieuses qu'on les suppose; car la question n'est pas là, et la province du gouvernement n'est pas celle de la société.

Marche en avant (go ahead); *ne t'attends qu'à toi seul* (help yourself), telle est la devise de l'Américain; et cette devise explique sa vie politique non moins que sa vie privée. En ne demandant au gouvernement que ce qu'il peut donner, en empêchant son intervention là où elle est inutile ou dangereuse, on rend le gouvernement acceptable, facile et bienfaisant, et ce problème compliqué, dont nous poursuivons en vain la solution, on le résout en le simplifiant.

C'est ainsi que la Constitution américaine n'est pas moins remarquable par ce qu'elle refuse aux pouvoirs politiques que par ce qu'elle leur accorde; c'est pour cela qu'il faut étudier non pas ses formes, mais son esprit, étude plus difficile sans doute, mais riche en résultats; sujet précieux d'instruction quand on le féconde par la comparaison.

Cette étude, ces comparaisons, Messieurs, je les accepte sans me faire illusion sur les dangers d'un enseignement qui entre dans le vif de la politique. En des temps plus calmes, je considérerais comme un devoir de détourner vos yeux des débats du jour et des querelles stériles de quelques ambitieux. L'enseignement supérieur est fait pour élever la pensée vers ces régions sereines où n'atteignent point les passions du moment. J'aurais donc voulu qu'il me fût permis de vous conduire à cette source inépuisable de l'antiquité, de vous faire connaître cette Rome qui fut, qui sera pour la politique ce que la Grèce est pour les beaux-arts, l'éternel modèle, l'éternel idéal; j'aurais été heureux de vous faire descendre dans cette mine du moyen âge, si curieuse, si variée, si riche; mais aujourd'hui, quand la France inquiète appelle à son aide toutes les lumières, tous les dévouements, quand ce sont les principes mêmes de l'ordre social qui sont en discussion, je n'avais pas le choix du sujet; il était de mon devoir d'appeler toute votre attention sur des questions qui contiennent la fortune même de la patrie.

Dans une position pareille, vous et moi, nous ne pouvons avoir qu'un but, la vérité. Je vous parlerai donc comme un homme qui ne s'adresse qu'à votre raison, qui a une confiance absolue dans votre impartialité et qui croit qu'on peut compter sur la sienne. Je sais combien il est difficile que l'esprit reste parfaitement impartial en un pareil sujet; mais, demeuré toute ma vie étranger aux partis par caractère et par conviction, alors même que cette indépendance n'était pas pour moi un devoir, j'ose au moins vous promettre d'apporter ici un désintéressement complet des passions du jour.

D'ailleurs, mes erreurs mêmes sont limitées dans un champ trop étroit pour être dangereuses; c'est dans la comparaison seule des institutions américaines et des nôtres que je puis me tromper, et sur ce point, il vous sera bien aisé de ne point accepter mes jugements. Quant à l'esprit de la Constitution américaine, nous avons assez de preuves, assez d'écrits, pour que toute méprise soit impossible. J'ai recueilli, autant que je l'ai pu, les pièces de ce grand événement; j'essayerai de rétablir la scène, de faire revivre devant vous ces nobles et sereines figures; je conserverai leurs opinions, et, autant que je le pourrai, leurs paroles, trop heureux de m'effacer derrière ces grands noms, et de laisser aux leçons qu'ils nous ont données la sanction et l'autorité de leur langage.

Ainsi, Messieurs, vous jugerez du système américain par vous-mêmes, en pleine connaissance de cause, après avoir entendu les partis opposés, et sans que je prétende en rien vous imposer, même indirectement, mon opinion. Mon rôle est celui de rapporteur; je n'ai qu'une ambition, celle de vous instruire en vous forçant à réfléchir sur un sujet qui nous intéresse tous, et de mériter ainsi la plus précieuse récompense de mes soins et de mes travaux, votre estime, votre confiance, et plus encore peut-être, votre amitié.